CURE-SE DA OBSESSÃO E VIVA FELIZ

A cura está em você mesmo.
Ajude-se.

Solicite nosso catálogo completo, com mais de 300 títulos, onde você encontra as melhores opções do bom livro espírita: literatura infantojuvenil, contos, obras biográficas e de autoajuda, mensagens espirituais, romances palpitantes, estudos doutrinários, obras básicas de Allan Kardec, e mais os esclarecedores cursos e estudos para aplicação no centro espírita – iniciação, mediunidade, reuniões mediúnicas, oratória, desobsessão, fluidos e passes.

E caso não encontre os nossos livros na livraria de sua preferência, solicite o endereço de nosso distribuidor mais próximo de você.

Edição e distribuição

EDITORA EME

Caixa Postal 1820 – CEP 13360-000 – Capivari – SP

Telefones: (19) 3491-7000/3491-5449

vendas@editoraeme.com.br – www.editoraeme.com.br

SEVERINO BARBOSA

CURE-SE DA OBSESSÃO
E VIVA FELIZ

A cura está em você mesmo.
Ajude-se.

Capivari-SP
— 2015 —

© 2006 Severino Barbosa

Os direitos autorais deste livro são de exclusividade do autor.

A Editora EME mantém o Centro Espírita "Mensagem de Esperança", colabora na manutenção da Comunidade Psicossomática Nova Consciência (clínica masculina, para tratamento da dependência química), e patrocina, junto com outras empresas, a Central de Educação e Atendimento da Criança (Casa da Criança), em Capivari-SP.

4ª reimpressão – março de 2015 – 4.501 ao 5.000 exemplares

Capa
Nori Figueiredo

Diagramação
Abner Almeida

Ficha catalográfica elaborada na editora

Barbosa, Severino
    Cure-se da Obsessão e Viva Feliz - Severino Barbosa, (1ª edição, dezembro/2006) 4ª reimp, mar. de 2015 - Capivari-SP: Editora EME.
    160 p.
1 - Obsessão/desobsessão - Espiritismo
2 - Autoajuda - Terapia espírita

CDD - 133.903
CDU - 133.703

ÍNDICE

Introdução 9

CAPÍTULO I
O que é a obsessão? 19

CAPÍTULO II
Influências das criaturas invisíveis 27

CAPÍTULO III
Os encostos e as doenças fantasmas 35

CAPÍTULO IV
O tratamento de obsessores e de suas vítimas 43

CAPÍTULO V
Você pode se curar das doenças nervosas 51

CAPÍTULO VI
Regras adotadas na autodesobsessão 59

CAPÍTULO VII
Irritação é sintoma de obsessão.. 67

CAPÍTULO VIII
Não se deixe abater pela obsessão...................................... 75

CAPÍTULO IX
Seja otimista em relação à sua cura................................... 81

CAPÍTULO X
Obsessão se cura com terapia espírita.............................. 87

CAPÍTULO XI
O obsessor, quem é?.. 95

CAPÍTULO XII
Como agem os obsessores? (I).. 103

CAPÍTULO XIII
Como agem os obsessores? (II) 111

CAPÍTULO XIV
Assédio durante o sono.. 119

CAPÍTULO XV
A doutrinação dos obsessores... 125

CAPÍTULO XVI
A obsessão e as doenças psíquicas 133

CAPÍTULO XVII
Ainda o valor da doutrinação.. 141

CAPÍTULO XVIII
Previna-se da obsessão 147

CAPÍTULO XIX
A cura da obsessão 155

INTRODUÇÃO

Tivemos a iniciativa de escrever esta modesta obra, específica sobre obsessão, porque esta doença da alma tem sido a causa de grande parte dos desarranjos emocionais, morais e espirituais da espécie humana. Esta mazela da alma não é moderna. Através dos relatos bíblicos e dos livros sagrados de todas as religiões antigas e modernas, verifica-se que o mal vem dos primórdios da Humanidade.

As tribos israelitas, as comunidades selvagens, as primitivas civilizações indígenas da América, como os Toltecas, os Astecas, os Incas e os Maias, povos que, segundo as pesquisas arqueológicas,

12   Cure-se da obsessão...

remontam há cerca de vinte mil anos, já faziam os seus exorcismos, à moda da casa, para afugentar os maus Espíritos, que eles, diga-se de passagem, não chamavam de demônios, mas sim, de almas dos membros de suas tribos e comunidades que desencarnavam e ficavam perturbadas no Além.

Nos Evangelhos, por exemplo, constatamos a existência de vários casos de pessoas perturbadas por Espíritos sofredores; outras, acometidas de paralisia, de cegueira, de loucura (como o louco de Gadareno), de mudez, surdez etc, males esses causados por Espíritos desencarnados, encharcados de ódio, rancor, sentimento de vingança, fazendo cobrança às suas vítimas, desequilibrando-as mentalmente.

Esses são casos característicos de obsessão, muitos dos quais foram curados por Jesus.

Nunca devemos esquecer, pois, que as imperfeições morais são portas abertas aos maus Espíritos, como bem nos ensina o Espiritismo.

Mas, também não vamos exagerar em dizer que tudo é Espírito. Vamos devagar.

Elucida o mestre Allan Kardec, em *O Livro*

dos Médiuns, Cap. XXIII, n. 253, que não devemos atribuir aos Espíritos todas as contrariedades que passamos na vida, muitas das quais têm suas causas na incúria (falta de cuidado; desleixo) ou na imprevidência.

O codificador avaliou com muita sabedoria.

A imprudência e a falta de moderação também são, evidentemente, fatores que geram muitos desacertos na vida das criaturas.

As pessoas desajuizadas, imprudentes, imprevidentes caem com a maior facilidade nos abismos. E conduzem os que as rodeiam. E quando caem, se justificam alegando que foram os Espíritos ou, então, foram vítimas da cega fatalidade. E, portanto, não tiveram culpa nenhuma.

Essa justificativa é falsa. É desculpa de quem não tem coragem de assumir seus erros, atribuindo-os às forças invisíveis do mal e ao destino.

Kardec, como reforço da sua assertiva acima, conta o caso de um agricultor que passou cerca de doze anos recebendo toda sorte de infelicidade, em relação ao seu gado: vacas deixavam de dar leite; carneiros, cavalos, porcos e aves morriam. E haja prejuízos de toda natureza. Desesperado, recorreu aos ofícios religiosos para afugentar os maus Espíritos. Tudo, em vão.

Por fim, escreveu a Kardec solicitando socorro, julgando que o codificador possuísse poderes esconjuradores maiores do que o do sacerdote que já vinha praticando o exorcismo.

Kardec consultou os Espíritos. Estes responderam que os currais do agricultor estavam todos infectados, dando causa à mortalidade e enfermidades dos animais. Para desinfetar, custava dinheiro.

Como vemos, não eram os Espíritos que enfeitiçavam os animais e matavam. Não. O agricultor não queria gastar dinheiro para resolver o problema.

Muitas vezes, na vida prática, culpamos os Espíritos pelos nossos problemas, quando as causas se acham dentro de nós. E não as enxergamos. Ou não queremos enxergar.

Todavia, Kardec apoiado em sua vasta experiência com os Espíritos desencarnados e no assédio que estes exercem sobre os homens, também afirma que grande parte dos infortúnios que infelicitam a nossa vida, procede das influências malévolas dos Espíritos inferiores que constantemente nos cercam.

Tais influências, ou mais propriamente obsessão, causadas pelos chamados "encostos", mascaram-se em forma de doenças físicas fantasmas, bem assim em forma de paranóia, psicoses, esquizofrenia, neurastenia, depressões e ansiedades crônicas, e outros tipos de distúrbios psíquicos e emocionais.

As pessoas que morrem, levam para o mundo espiritual, em seu corpo fluídico ou perispírito, os reflexos das enfermidades que as levaram à desencarnação.

Hoje está comprovado pelo Espiritismo, que esses reflexos podem ser transmitidos pelas entidades doentes do Além-túmulo para os indivíduos encarnados, causando-lhes problemas de toda natureza. Problemas de natureza física, psíquica e/ou emocional, como dissemos acima.

Como o foco da doença tem por causa o assédio de um ou mais Espíritos enfermos (os "encostos"), a medicina acadêmica é incompetente para curar.

O aconselhamento é que a vítima da obsessão (o obsidiado) e as entidades infelizes do Além, sejam doutrinadas em Centros Espíritas capacitados, sob a orientação do Espiritismo e do Evangelho de Jesus.

Entretanto, o esforço próprio, determinação, força de vontade, confiança em Deus e em si próprio, por parte do obsidiado, bem assim a mudança na maneira de pensar, sentir e agir, em verdadeira reforma interior, são os requisitos básicos para a cura da obsessão.

Os desequilibrados pelo processo obsessivo não devem, em nenhuma hipótese, se entregar de mãos atadas aos Espíritos obsessores. Não devem se acovardar.

Devem reagir com a prece em favor deles. Devem auto-analisar-se e descobrir em si mesmos as imperfeições morais que os atraem. E entrar em combate contra elas, ainda que seja em processo lento, mas contínuo, obstinado, tenaz.

NÃO é determinação de Deus que o obsidiado obedeça aos comandos do Espírito obsessor.

Não.

A vítima da obsessão deve usar os recursos existentes em si próprio, aqueles que indicamos acima, para conseguir a cura.

É bom lembrar, no entanto, que os obsessores não são os únicos culpados. A culpa maior está nos obsidiados, que os atraem pelos vícios e outras imperfeições do caráter.

É oportuno lembrar Kardec. Ele diz em sua obra acima citada, no cap. XX, n. 227, que os defeitos morais que mais atraem os Espíritos maus são o orgulho e o egoísmo; a inveja e o ciúme; o ódio e a cupidez; a sensualidade e tantas outras paixões que "escravizam o homem à matéria".

Diz também, para encerrar, que as virtudes que mais oferecem atrativos aos bons Espíritos são o desprendimento das coisas materiais e a simplicidade de coração, bem assim o amor ao próximo em forma de bondade e benevolência para com todos.

Eis aí, pois, a sabedoria de Allan Kardec.

A filosofia da vida prática nos aponta a conclusão de que, os abutres não festejam animais

18 Cure-se da obsessão...

vivos e sadios. Eles festejam os cadáveres. As moscas são atraídas pelas feridas.

Os Espíritos viciados e viciosos são atraídos pelas nossas brechas morais. Tratando das feridas, as moscas se afastam.

Portanto, a cura da obsessão depende, fundamentalmente, do obsidiado.

Assim, passamos às mãos do estimado leitor esta nossa modesta obra: *Cure-se da Obsessão e Viva Feliz*, para reflexão.

RECIFE, março de 2006.

(O Autor)

CAPÍTULO I

O QUE É A OBSESSÃO?

Segundo Allan Kardec, em sua obra *A Gênese*, cap. XIV, item 45, "Obsessão é a ação persistente que um Espírito mau exerce sobre um indivíduo".

Referindo-se às imperfeições morais como principais atrativos aos Espíritos inferiores, Kardec em *O Evangelho Segundo o Espiritismo*, cap. 28, item 81, diz: "Do mesmo modo que as doenças resultam das imperfeições físicas, que tornam o corpo acessível às perniciosas influências exteriores, a obsessão é sempre o resultado de uma imperfeição moral que dá acesso a um Espírito mau".

Em suas pesquisas, o codificador do Espiritismo

catalogou três tipos de obsessão, em graus distintos: a obsessão simples, a subjugação e a fascinação.

No primeiro grau, os Espíritos invadem a nossa casa mental, formando verdadeiros ninhos de pensamentos doentios, causando perturbações de toda natureza.

No segundo grau, o assédio se agrava. Espalha-se e se aloja, como bactéria voraz, nos centros dos sentimentos e passa a afetar os comandos da vontade.

Quando isso acontece, a vítima, no caso o obsidiado, mesmo contra a sua vontade, é conduzido a gestos estranhos, cacoetes, tiques nervosos, risos extravagantes e, por nada, têm constantes crises de choros, atitudes conflitantes e outros tipos de comportamentos, característicos de pessoas que não são normais.

No terceiro grau, a influência maléfica invade o campo da consciência do obsidiado. É aí que o mal se torna gravíssimo, desencadeando verdadeiro processo de alucinação, caso em que a vítima perde os comandos da vontade e da consciência, e passa a agir sob o controle da vontade e dos desejos do

Espírito perseguidor. Este ordena; aquela obedece, como se fosse um andróide, um boneco guiado por controle remoto, em linguagem tecnológica.

Conforme nos ensina Kardec, as causas da obsessão são, fundamentalmente, as nossas imperfeições morais, compreendidas em sua globalidade; problemas que trazemos de outras encarnações. Entre os quais, podem-se assinalar tendências viciosas, rancores crônicos, desejos de vingança, excesso de egoísmo, mágoas profundas, aversões a fulano ou a sicrano, ódios, exagerada cobiça, vaidade e orgulho em graus superlativos, e tantas outras imperfeições que fragilizam o nosso caráter.

São exatamente essas imperfeições da alma que se constituem atrativos aos Espíritos inferiores, que passam a nos cercar e a se tornarem nossas companhias invisíveis. Isto, porque a eles damos afinidade.

Essa realidade, se bem que em nível oculto, nos leva a concluir que as entidades viciadas, viciosas e, portanto, infelizes do Além, os chamados Espíritos obsessores, não são os únicos culpados da nossa obsessão. Os culpados também somos nós, que abrimos frestas no caráter para que eles façam as suas invasões. Os abutres não festejam animais vivos e sadios. Onde há carniças, há urubus.

Através da história das crenças religiosas mais remotas – e parece que continua até hoje –, o problema milenar da obsessão era curado com violência. A prática já vem dos antigos Hebreus. No Judaísmo, no Catolicismo e nas Igrejas Reformadas (Protestantismo) ainda se usa o famigerado exorcismo. É uma prática absurdamente agressiva e violenta, para o afastamento dos demônios, dos capetas ou criaturas satãs. Demônios, que não são senão os Espíritos dos homens, que se foram pelo natural fenômeno da morte.

Aproveitamos o ensejo para esclarecer que o demônio não significa literalmente espírito das trevas. Absolutamente. A palavra vem da língua grega "daimon", que tem o sentido de gênio ou inteligência, que pode ser gênio do mal ou do bem. Conhecendo esse sentido da palavra, foi que o iluminado Sócrates afirmou convicto ser inspirado por um "daimon", ou seja, por um Espírito virtuoso e sábio.

No Espiritismo não se usa o exorcismo. O método de terapia adotado nas sociedades espíritas consiste na doutrinação do Espírito perseguidor (que nunca é o demônio das igrejas) e na educação moral do obsidiado, persuadindo o primeiro a liberar sua vítima, para que ambos sejam felizes.

Além desse método, que é fundamental, não se faz uso de nenhum culto exterior, nenhum ritual, nenhuma prática esquisita, agressiva ou violenta. Não se usa incenso nem mirra, nem defumadores, nem bebidas, nem trajes especiais, nem acordos nem pactos com os obsessores.

A terapia é feita com o esclarecimento ao obsessor, com base no Evangelho, passes e conscientização à vítima, para que faça reformas em seu íntimo.

Alcançado o objetivo de educação e persuasão

ao Espírito perseguidor, este se afasta e o obsidiado estará vacinado contra a obsessão. Mas poderá novamente contrair outros assédios, caso dê espaço a outros obsessores, por outros vícios morais.

CAPÍTULO II

INFLUÊNCIAS DAS CRIATURAS INVISÍVEIS

Em obediência à voz do bom-senso, não se pode afirmar de forma categórica que todas as ocorrências da nossa existência têm como causas as influências dos Espíritos desencarnados. O caminho não é bem por aí. Pois que, admitindo-se ou não, todos nós somos almas pensantes. E como tais, temos idéias próprias, sentimentos, desejos, aspirações, frustrações, traumas, impulsos para o mal, instintos inferiores, invejas, ciúmes, vaidades, ambições, cobiças, orgulho e tantos outros sentimentos similares.

Porém, em meio a todo esse globo de coisas, que muitas vezes se conflitam, inserem-se os pensamentos, as idéias e sugestões de criaturas desencarnadas. São Espíritos de bom e/ou de mau caráter, que, de acordo com a nossa permissão, podem nos fazer o bem ou o mal.

Allan Kardec, o codificador do Espiritismo, no altar da sua sabedoria, alcançando essa realidade da personalidade humana, teve a feliz iniciativa de perguntar aos Mensageiros da Revelação Espírita, na questão n.459 de *O Livro dos Espíritos*, se as inteligências desencarnadas exercem influências em nossos pensamentos e atos.

Eis a resposta: "Muito mais do que imaginais. Influem a tal ponto que, de ordinário, são elas que vos dirigem".

Como vemos, a resposta não dá espaço à dúbia interpretação. Os pensamentos, as idéias, os desejos, as vibrações dos Espíritos se misturam aos nossos. E se misturam de tal maneira que, na maioria das vezes, ficamos sem saber quais os nossos e os deles. Dá-se uma verdadeira confusão em nosso juízo, levando-nos até a pensar que vamos enlouquecer.

Essa realidade nos conduz à lógica conclusão,

de que o mundo dos loucos deve ser uma coisa simplesmente terrível.

A incerteza de que os pensamentos sejam nossos ou das inteligências desencarnadas, não deixa, por isso mesmo, de causar-nos desconforto espiritual. Essa dúvida nos traz permanente estado de quase mórbida ansiedade.

É bem provável que Kardec, no intuito de auxiliar-nos na solução de tal problema, tenha questionado aos Espíritos Reveladores na obra acima citada, na questão nº 461: Como havemos de distinguir os pensamentos que nos são próprios dos que nos são sugeridos?

A resposta é de uma clareza solar: "Quando um pensamento vos é sugerido, tendes a impressão de que alguém vos fala. Geralmente, os pensamentos próprios são os que acodem em primeiro lugar".

"Afinal, não vos é de grande interesse estabelecer essa distinção. Muitas vezes, é útil que não saibais fazê-la. Não a fazendo, obra o homem com mais liberdade. Se se decide pelo bem, é voluntariamente que o pratica; se toma o mau caminho, maior será a sua responsabilidade".

Assim, os Espíritos respondem que não vale a pena fazer a distinção. E não é de grande interesse, porque obraremos com mais liberdade, ou seja, seguimos melhor o "faro" do nosso livre-arbítrio, dando-nos maior ou menor responsabilidade às atitudes, às palavras e às ações.

Com tal liberdade, se fizermos o bem, melhor para nós, porque receberemos a recompensa; se fizermos o mal, pior para nós, porque seremos penalizados, conforme a gravidade da falta cometida. Isto é lógico e sensato, para NÃO estarmos responsabilizando os maus Espíritos pelas nossas más ações, como forma de desculpas.

Kardec, posicionado em seu bom-senso, nos diz que, se houvesse tanta utilidade em distinguir os pensamentos que nos são próprios daqueles que nos sugerem as criaturas desencarnadas, certamente Deus nos concederia uma faculdade especial para isso, facultando-nos claramente os meios necessários. Ora, se ELE não nos concedeu, é que assim deve ser.

Quem tiver suas dúvidas ou mesmo achar

que não deve ser assim, sugerimos que pergunte a DEUS.

CAPÍTULO III

OS ENCOSTOS E AS DOENÇAS FANTASMAS

Segundo a cultura nordestina, os chamados "encostos" não são outra coisa senão Espíritos enfermos que transmitem os sintomas das doenças que os levaram à morte, para pessoas sadias. Essas são as conhecidas doenças ou enfermidades fantasmas. Existem desde os primórdios da civilização terrestre.

A existência desses casos é comprovada não somente em pessoas civilizadas e bem educadas, em famílias, em grupos, em pequenas e grandes comunidades, mas também em meio às tribos mais selvagens.

Isto, porque os Espíritos podem exercer suas

38 Cure-se da obsessão...

influências benéficas ou maléficas, de forma consciente e/ou inconsciente por parte deles, sobre toda e qualquer criatura humana.

Demais, onde quer que existam pessoas, as inteligências invisíveis se acham presentes, para fazerem o bem ou o mal, ou ainda mesmo para transmitirem os sintomas das suas mazelas. Essa realidade nos leva a concluir que as obsessões não só ocorrem no campo psicológico, mas também podem afetar as diversas áreas do corpo físico dos obsidiados, em forma de doenças imaginárias e, quando a obsessão é grave, poderá afetar o físico de forma real, a ponto de a vítima precisar de tratamento médico, ao mesmo tempo em que se submete ao tratamento da obsessão no centro espírita.

Kardec, em suas pesquisas com os Espíritos de pessoas mortas, conseguiu comprovar que as enfermidades causadoras da desencarnação do indivíduo, persistem em seu corpo fluídico depois da morte. Isto, porque tudo o que lesa o corpo material repercute no corpo espiritual, que o apóstolo Paulo já designava de corpo celeste do

Espírito.

E o "encosto", como dissemos acima, é exatamente o Espírito doente, que ao se aproximar de uma criatura sadia, transmite-lhe o estado doentio que ainda lhe causa infestação no corpo fluídico, que Kardec chama de perispírito.

Como estamos falando do corpo fluídico, abrimos um parêntese para registrar que a prova científica da existência do perispírito foi realizada na França, mais ou menos na primeira metade do século XX, pelo cientista Raul Motyndon. E logo depois, comprovada pelos biólogos soviéticos na Universidade KIROV, na antiga Rússia.

Esses sábios homens da Ciência deram ao corpo fluídico do Espírito, ou perispírito, o nome de "corpo bioplásmico" ou "corpo de plasma biológico".

Voltando aos casos de doenças fantasmas, transmitidas pelos Espíritos também doentes, veio-nos à lembrança a figura do famoso médico norte-americano, Dr. KARL WIKLAND, que se tornou notável pelo seu abnegado trabalho de restabelecer a saúde mental aos seus pacientes, que o procuravam, alegando serem portadores de enfermidades fantasmas.

Ele estudou e curou todos os pacientes no espaço de tempo de três décadas. Relata os casos, de forma minudenciada, na obra "TRINTA ANOS ENTRE OS MORTOS". Todo o seu trabalho foi realizado no início do século XX, em sua famosa Clínica na cidade de Chicago, nos Estados Unidos.

Era nessa clínica que os pacientes, portadores de enfermidades fantasmas, exaustos de percorrerem hospitais e consultórios, encontravam a cura para os seus males.

Todo o trabalho era feito com a ajuda da jovem esposa, que era excelente médium.

Ela recebia os Espíritos que causavam as doenças nas vítimas. Eles eram doutrinados pelo médico por meio de conversações sadias, até se conscientizarem de que não valia a pena continuarem assediando suas vítimas. Descobriu que a maioria dos desencarnados doentes não sabia que estava prejudicando os obsidiados.

Em outros casos, em que as entidades infelizes insistiam em permanecer ao lado das vítimas, muitas vezes até por rebeldia ou por não aceitarem a idéia de que estavam fazendo o mal, o Dr. Wikland provocava o afastamento do Espírito por meio de choques, emitidos por um aparelho que ele próprio criou.

E os resultados eram satisfatórios.

No próximo capítulo, prosseguiremos com o trabalho do Dr. Wikland.

CAPÍTULO IV

O TRATAMENTO DE OBSESSORES E DE SUAS VÍTIMAS

Como ocorreu o envolvimento daquele famoso médico norte-americano com o mundo dos mortos, já que ele não era espírita, mas apenas um pesquisador? Foi simples. Após um dia de cansativo trabalho e de estudo de dissecação de cadáveres, de retorno ao lar, surpreendeu-se com a médium, sua esposa, incorporada por um Espírito que afirmava ser dono do cadáver dissecado durante o dia.

A entidade invisível, pela médium, fez-lhe severa acusação: "Que história é essa de você ficar lá a cortar todo o meu corpo?"

O Dr. Wikland, sem hesitar, logo compreendeu

46   Cure-se da obsessão...

que estava diante de um Espírito de pessoa morta. Iniciou-se o diálogo. Tentou convencê-lo de que não estava mais precisando do corpo, uma vez que já havia desencarnado.

E, embora protestando a princípio, a entidade espiritual terminou permitindo que o seu cadáver continuasse servindo como objeto de estudo, pela dissecação.

Como vemos, o Espírito estava perfeitamente consciente da condição de habitante do Além, além de demonstrar incrível lucidez ao acompanhar, curioso, a dissecação do seu corpo.

Em longo período de estudo e de pesquisa conversando naturalmente com as criaturas invisíveis, como se elas ainda estivessem acopladas ao corpo material, e delas colhendo amplas informações sobre seus costumes e hábitos no mundo dos mortos, o Dr. Wikland passou a admitir a idéia de que toda pessoa humana é possuidora de uma aura magnética ou campo fluídico, que funciona como pólo de atração aos Espíritos desencarnados.

Apenas à guisa de ilustração, o experiente

médico e pesquisador norte-americano, através do seu aparelho produtor de choques eletromagnéticos, transferiu o Espírito Emily Júlia Steve, que assediava uma paciente portadora de diversos distúrbios psíquicos, para a médium Sra.Wikland, e esta, incorporada, estabeleceu o diálogo com o médico-doutrinador.

O Espírito Emily protestou irritado, pela forma como fora projetado para fora do corpo da sua vítima por meio do choque magnético. O doutrinador, pacientemente, explicou-lhe que essa era a melhor maneira de "desalojar" Espíritos ignorantes como ele.

Emily, entidade perturbada e perturbadora, causadora dos desequilíbrios mentais da sua vítima, protestou mais agressiva: "Como você se atreve a falar dessa maneira comigo?".

Entretanto, embora rebelde e arrogante, o Espírito Emily aceitou a realidade de que já havia desencarnado, porque até então ignorava essa verdade. Aliás, esse fato ocorre com muitas criaturas que desencarnam. E dada forte ligação com a matéria e em virtude de desencarnação por meio de morte trágica, mesmo no mundo espiritual, demoram a aceitar, acreditando-se ainda vivas no corpo. É nesse estado que se aproximam das pessoas e lhes passam os sintomas das antigas doenças físicas, que as levaram à morte.

A paciente do Dr. Wikland, assediada por Emily, e também portadora de grave histeria, com repetidas crises convulsivas, era igualmente perseguida por outras entidades perturbadoras. Quer dizer: a paciente histérica, que não passava de obsidiada, era vítima da posse e do domínio em comum, de um grupo de entidades infelizes.

Todavia, o médico e doutrinador, fazendo bom uso do seu método de trabalho, estimulado pelo sentimento de caridade, com certeza conquistou a confiança dos bons Espíritos, que lhe prestavam segura assessoria espiritual.

E dessa forma, portanto, conseguiu, através de diversas sessões, tendo como médium a devotada esposa, doutrinar com incomparável habilidade, todos os Espíritos perturbados e perturbadores, um a um, da paciente obsidiada, que, após o tratamento, ficou completamente curada dos problemas espirituais. Ela, que era conhecida como louca ou alucinada.

O Dr. Wikland, com trabalho sempre bem sucedido, que deveria servir de exemplo para os colegas do mundo inteiro, concluiu que todos os seus pacientes, portadores de "doenças mentais e/ou psicossomáticas", não eram loucos, psicóticos nem psicopatas ou coisas do gênero.

Eram todos eles, simplesmente, vítimas de Espíritos enfermos, muitos deles vingativos, perturbados e perturbadores. Mas que, doutrinados e convencidos ao arrependimento sincero, afastavam-se das suas vítimas, e os sintomas das doenças fantasmas desapareciam como por milagre.

Ainda bem que o Dr. Wikland não era espírita!

CAPÍTULO V

VOCÊ PODE SE CURAR DAS DOENÇAS NERVOSAS

Embora seja a obsessão prova e expiação, e como tal deve ser aceita, como diz o mestre Kardec, o obsidiado pode e deve fazer algo da sua parte para se autocurar, ou senão para obter um alívio para o próprio mal. Claro que a lei de causa e efeito lhe confere esse direito. Basta, para isso, que ele se torne consciente de que é um ser humano e, portanto, responsável pelo seu comportamento.

Com essa consciência, o obsidiado está habilitado a disciplinar as idéias e a repudiar os pensamentos negativos e perturbadores, bem como alimentar as tendências para o bem e rejeitar as maléficas.

Assim, aprenderá a administrar a si mesmo, administrando pensamentos, sentimentos e formas de agir. Aprenderá a fechar as portas da mente às sugestões dos obsessores, relativas à irritabilidade, inveja, avareza, egoísmo e outras similares.

Se o obsidiado perceber que a sua vontade se acha enfraquecida pelo Espírito perseguidor, deve, pela prece, pedir a assistência dos bons Espíritos que, sem dúvida, o socorrerão. Basta ter fé. Se o obsidiado conseguir controlar as emoções negativas e os impulsos inferiores que vibram em seu interior, estará no caminho certo.

Uma vez que a cura da obsessão é, em princípio, uma autocura e ninguém pode alcançar tal liberdade se não quiser; podem-se, à guisa de sugestão, indicar algumas regras que, caso sejam exercitadas com seriedade, o obsidiado conseguirá sua cura.

O assediado terá de usar o método da auto-sugestão, dizendo a si mesmo: Estou com Deus e amparado pelo Pai. Portanto, sou uma criatura perfeitamente normal. Tenho condições suficientes para dirigir a minha vida e nenhuma força do mal poderá me abater. Deus aumenta, a cada instante o império da minha vontade, que é a maior força e o maior poder de que Ele me dotou.

Diga a você mesmo tais regras toda vez em que estiver perturbado. E jamais aceite que é uma pessoa anormal, porque na realidade não o é. Você está apenas sofrendo a influência de entidades infelizes, que podem, a qualquer momento, se arrepender do mal que lhe estão fazendo e até mesmo se tornarem seus amigos. Seja otimista. Mas deposite toda a confiança nos poderes de Deus.

Toda pessoa vítima da obsessão sente-se sozinha, abandonada por todos. Cria uma redoma de solidão em torno de si. Não deve fazer isso. Deve se conscientizar de que é filha de Deus e que o Pai não despreza nenhum dos Seus diletos filhos.

Ora, se o Senhor da Vida se preocupa com os seres mais inferiores da sua infinita criação, e deles cuida zelosamente por que Ele deixaria você à parte? Não tem fé nessa realidade? Pois, sim, acredite que você, enfim, que todos os seres humanos somos a obra-prima da criação de Deus. E todos estamos sob os Seus cuidados.

Certamente, o obsidiado precisa fazer urgentemente, reformulações nos conceitos de si mesmo. Precisa – e isto é de fundamental importância –, mudar sua maneira de pensar, sentir e agir.

Deve extrair do juízo, como se fosse um tumor maligno, a idéia de pecado e de castigo. Pecado não é outra coisa senão os erros. Castigo é a conseqüência ou a colheita das faltas. Claro, que os erros podem e devem ser corrigidos. Quando há correções, a colheita deixará de existir. É quando o obsidiado passa a estabelecer, pouco a pouco, o domínio de si mesmo, readquirindo com paciência a autoconfiança.

É bom lembrar que todo obsidiado possui a mente suja. Sua casa mental parece mais uma lixeira. É exatamente nessa casa imunda que se alojam as entidades infelizes do mundo Invisível. A primeira e fundamental providência é fazer a limpeza com os conceitos e preceitos do Evangelho.

Deve a vítima da obsessão manter a casa aberta e arejada, com as janelas escancaradas para o mundo exterior, abrindo espaço apenas para os bons pensamentos, para as idéias construtivas, para os conceitos elevados da vida e abandonar, de uma vez por todas, as muletas psicológicas dos vícios, principalmente do fumo e da bebida alcoólica.

Não podemos esquecer que o vício do álcool é o mais poderoso atrativo dos Espíritos viciados. Desse modo, pode-se afirmar sem o menor receio de erros, que todo homem viciado na bebida está sempre acompanhado por um parceiro do mundo espiritual. Ambos bebem juntos. Porque ambos se acham ligados pela lei universal de atração: os iguais se atraem e os contrários se repelem. É a lei de afinidade. Isto se prende a todos os vícios.

Todavia, todos os viciados podem, querendo, se libertar dos seus amados vícios. Os vícios em geral constituem farta pastagem para os Espíritos obsessores. Governados os vícios, que são as causas da obsessão, os obsessores se afastam. Afastadas as causas, os efeitos (a obsessão) cessarão. É raciocínio lógico.

Voltamos a lembrar, que além da terapia da obsessão adotada pelo Espiritismo, nas sociedades espíritas, o obsidiado deve cultivar, primeiramente, a fé em Deus, e segundo, a fé em si mesmo. Não é bom duvidar.

Quem tem fé no Poder Supremo do Universo e confia em si mesmo, tem sob o seu comando o império da vontade, a mais poderosa força interna do homem, capaz de remover as montanhas dos obstáculos interiores.

É aquela mesma fé, aquela mesma confiança que Jesus ensinou aos homens da sua época e que consta dos Evangelhos: "Se tiverdes fé do tamanho de um grão de mostarda, direis a essa montanha: transporta-te daqui para ali, e ela se transportará".

VOCÊ NÃO DEVE VACILAR.

CAPÍTULO VI

REGRAS ADOTADAS NA AUTODESOBSESSÃO

De começo, devemos esclarecer que todos nós somos mais ou menos obsidiados. De uma forma ou de outra, recebemos as influências de Espíritos inferiores. Claro que uns mais e outros, menos. Isto, porque ainda somos criaturas em vias de progresso, trazemos imperfeições morais de encarnações passadas. Imperfeições que alimentamos nas caladas da intimidade mental e, por vezes, as exteriorizamos de alguma forma.

Essas imperfeições formam frestas em nosso caráter, dando espaço às tentações das criaturas desequilibradas do Além.

Mas, no cômputo geral, tais influências não

passam de obsessões simples, que administramos sem maiores problemas. Sobretudo porque estamos no uso e no gozo pleno da razão. E, dessa forma e de maneira consciente, administramos com equilíbrio a vida, a família, a profissão e demais coisas que estejam sob a nossa responsabilidade.

Entretanto, isso não impede de, vez por outra, recebermos as sugestões de idéias comprometedoras de Espíritos atrasados que, até mesmo por inveja e ciúmes da nossa vida, tentam invadir-nos o espaço com o fito de puxarem-nos o tapete e verem a queda. Fazem essa tentativa porque, como estão no caminho dos erros, não querem estar sozinhos. Querem arrastar os outros.

O Espiritismo ensina que, no plano espiritual, exatamente como aqui no plano material, há Espíritos portadores de todas as espécies de caracteres. Eles procuram as pessoas daqui da matéria que tenham afinidade com eles. Cabe-nos, pois, a responsabilidade de escolher as nossas companhias invisíveis. E Deus nos concede o direito de escolha, pelo livre-arbítrio, e de rejeitarmos as influências do mal. Assim, em boa lógica, ninguém deve se entregar, mansa e pacificamente, aos abraços dos inimigos do mundo espiritual. Por quê, e para quê?...

Vamos, agora, às regras da autodesobsessão? Antes, o obsidiado deve se conscientizar de que a obsessão é um estado de sintonia da sua mente com entidades espirituais em desequilíbrio. É bom e recomendável que faça um corte nessa sintonia, como se liga ou desliga uma lâmpada.

Cortando a sintonia, precisa abrir a mente e dar livre acesso aos bons pensamentos, de otimismo, de satisfação, de alegria, de gosto pela vida... De maneira simultânea, opôr-se terminantemente às idéias de tristeza, de solidão, de angústia, de pessimismo e outros pensamentos do gênero. As vibrações negativas desse lixo mental é que geram os desequilíbrios de toda espécie.

O obsidiado deve admitir, com firmeza, que Deus o criou para ser bom e normal. E que, portanto, os maus pendores, as más idéias, os maus pensamentos são obstáculos que se lhe apresentam para que, com fé em Deus e confiança em si mesmo, aprenda a vencê-los, superá-los. Jamais permitir-se abater por eles. Jamais! É bom que o obsidiado, ao acordar pela manhã, diga a si mesmo que um novo dia surge e que vai aproveitá-lo para realizar boas obras: fazer planos, trabalhar, estudar. E dizer a si mesmo: Deus me ajuda; sou uma criatura normal e vou vencer.

Deve mentalizar essa Força.

Deve repetir esse reforço diversas vezes. E cada vez mais se sentirá mais forte, mais robusto de Espírito.

Seguindo essa regra, as forças da obsessão começam a ser enfraquecidas. O Espírito perseguidor vai perdendo espaço. O importante é não se acovardar. Manter-se sempre confiante, corajoso.

Mais alguns lembretes ao obsidiado:

É provável, pois, que a entidade espiritual infeliz que lhe infelicita a vida, manifeste revolta contra você. Isto é normal. Ele já está ciente de que você sabe que é ele o causador da sua infelicidade. Esse fato o torna mais revoltado e, portanto, rebelde.

Você não deve se preocupar com isso. Segure-se firme no propósito de autocura, recorrendo às orações. A prece lhe dará mais força para resistir às tentações. Confie nisso. Essa confiança lhe trará mais firmeza.

Lembre-se de que a cura da obsessão está em você. Ajude-se!

CAPÍTULO VII

IRRITAÇÃO É SINTOMA DE OBSESSÃO

A cólera sinaliza desequilíbrio. Costumamos nos irritar com as irritações dos outros. Quando isso acontece, estamos entrando na faixa ou no campo vibratório negativo da pessoa irritada. Isso é ruim. É ruim, porque estamos nos permitindo envolver pela obsessão da outra pessoa. Ora, se já temos as nossas obsessões, imaginemos deixar-nos nos envolver pelos desajustes dos outros!

Mas a boa regra cristã aponta que o colérico, em princípio, não o é, nem deseja sê-lo. Não. Ele está apenas sendo agredido pelo obsessor e reage agredindo também. É preciso termos compreensão para isso.

É bom recordar, que uma das metas dos Espíritos inferiores é esgotar-nos a paciência. Eles são ardilosos e sabem bem que, sem a paciência, nos tornaremos irritadiços, encolerizados por nada, agressivos por coisas sem tanta valia. E, dessa forma, podem até nos conduzir a cometimentos mais graves. Quando nos irritamos, eles batem palmas e riem das nossas bobagens.

O bom mesmo é o obsidiado não se deixar envolver nas armadilhas daquelas entidades inferiores.

Nunca é demais o obsidiado fiscalizar os pensamentos, sentimentos, impulsos e palavras. Aliás, diga-se de passagem, é conselho indicado pelos Espíritos Superiores.

Em convivência com outras pessoas, tal advertência fraterna é de suma importância. Porque, segundo a lei de Ação e Reação, o que damos, recebemos de volta, inevitavelmente. Isto, porque o que foi dito, está dito; o que foi feito, está feito; desconsiderou, ofendeu, feriu, magoou, traumatizou etc, não se tira mais. Não há retorno.

Até que esse raciocínio nos faz lembrar uma frase de autor desconhecido, que li em folha de bloco. E por sinal, de muita substância filosófica.

A frase diz assim: "É irremediável e, portanto, não merece ser lamentado: o leite derramado; a pancada dada; a palavra dita; a flecha atirada e a oportunidade perdida".

A frase se ajusta bem com quem diz e faz as coisas, sem antes pensar. Todos ainda somos assim, de alguma forma.

Dificilmente se vê tanta verdade em tão minúscula frase!

Parece que a solução está em começar tudo de novo e reparar os erros.

É interessante que você, obsidiado, faça mudanças em sua maneira de ver a vida, as pessoas e o mundo. O Cristo nos convida a essa mudança: "Os olhos são a lâmpada do corpo. Se os vossos olhos forem bons, todo o vosso corpo terá luz; mas, se os vossos olhos forem maus, todo o vosso Espírito viverá em trevas".

Não podemos enxergar somente os defeitos dos

outros. Os outros são cópias de nós. Já observaram essa realidade? Temos mais ou menos os mesmos defeitos deles. Precisamos enxergar os valores das pessoas. Todos nós, ao lado dos valores, temos pequenos e grandes defeitos. Infelizmente, nos escravizamos ao mau hábito de focalizar o argueiro no olho das criaturas e esquecemos da trave que se acha em nossos olhos, na feliz expressão do Evangelho.

E, quanto às situações difíceis, quaisquer que elas sejam, que se apresentem em nosso caminho, podem ser provas e/ou expiações que merecemos. Revolta e rebeldia diante delas, não resolvem nada. Até complicam.

Devemos fazer dessas dificuldades trampolim de recomeço, ou mesmo trampolim de reconstrução da nossa vida. É melhor assim.

É interessante termos essa visão, porque toda crise, qualquer que seja a sua natureza, de saúde, familiar, financeira, profissional, grupal, religiosa e tantas outras, tudo isso é passageiro e o tempo é o melhor remédio, muito embora os males que nos ocorrem de forma global, tenham a utilidade providencial de corrigir-nos os erros, de fazer limpeza em nossa alma e de fortificá-la para as futuras reencarnações. Do contrário, não progrediremos.

As crises são passageiras, como as estações: verão, inverno, primavera e outono. Surgem, deixam as suas lições e passam. Assim é a vida.

CAPÍTULO VIII

NÃO SE DEIXE ABATER PELA OBSESSÃO

Todos nós sabemos que o homem é o resultado daquilo que pensa. Com base nesse princípio lógico, o obsidiado nunca se deve considerar um doente, para não se transformar em criatura realmente doente. O que se bota no juízo, a tendência é se tornar real. E agir como tal. O obsidiado deve se aceitar como um indivíduo influenciado por entidades infelizes. Mas que, pouco a pouco, com confiança em Deus e em si mesmo, o quadro obsessivo, de desconfortável que é, transformar-se-á em confortável. E, de repente ele estará liberto do jugo dos obsessores.

Mas, para isso, deve de boa vontade, receber

a terapia espírita e, paralelamente, pulverizar os parasitas psíquicos de sua mente, para não cair no desânimo. Além disso, precisa acreditar que os males são passageiros. Que está passando por uma prova, suportando-a corajosamente e que tudo acabará bem. Acreditar que Jesus está em sua companhia, onde quer que esteja, qualquer que seja o seu estado de espírito.

E, como base de sustentação psicológica, não se esquecer do que dizia o generoso Padre Antonio Vieira: "A presença de Jesus é tão boa em nossas vidas, que, mesmo estando no Inferno com ele, é o mesmo que estar no Céu". Combinado?...

Devemos também sempre lembrar, para nossa real segurança emocional, que Jesus foi, é e continuará sendo sempre o melhor e mais competente médico do Espírito.

Como sabemos, se o corpo tem as suas mazelas, a alma também as tem. E quando o Espírito é mazelento, transmite seus efeitos perniciosos para o corpo. São as chamadas doenças ou enfermidades psicossomáticas.

O tratamento deve ser no Espírito, onde se localiza o foco das mazelas, com a terapia do Espiritismo, de mãos dadas com o Evangelho.

O obsidiado precisa dar graças a Deus por estar vivo e com saúde e saber que seus problemas passam como os ventos. Mas podem se prolongar, caso os alimente.

Parece mesmo que os nossos males só existem, pelo menos em sua maioria, quando os alimentamos e acreditamos neles. A importância das coisas está no valor que damos a elas. Parece que é assim.

Apenas um lembrete: os Espíritos gostam de conversar com o obsidiado pelo pensamento. É como se uma criatura conversasse com o nosso juízo. É mesmo. Responda que não tem tempo para conversas desagradáveis. Se eles insistirem, o que comumente acontece, faça preces aos bons Espíritos, pedindo que ajudem as entidades perturbadas e perturbadoras.

Os efeitos da prece são terapêuticos.

CAPÍTULO IX

SEJA OTIMISTA EM RELAÇÃO À SUA CURA

Acreditar na própria cura deixa o obsidiado muito à vontade. Otimismo é pensamento positivo, é vibração elevada, é meio caminho andado para a autocura.

Há Espíritos galhofeiros, que não significam perversos, mas apenas brincalhões, que procuram retirar da mente do obsidiado o otimismo. E quando conseguem, riem a valer. É preciso ter todo cuidado com tais obsessores.

É bom não dar-lhes ouvido.

Às vezes, dentro da casa do obsidiado, eles, que são Espíritos perturbadores, escondem objetos, derrubam vasilhas, balançam cortinas, gritam aos ouvidos e fazem outros tipos de traquinagens. Os Espíritos obsessores também gostam de amedrontar.

O aconselhamento é que o obsidiado não deve dar atenção a eles, nem mesmo chamar nomes, mas convencê-los, pelo pensamento, de que não se assustam com as suas brincadeiras de mau gosto. Caso insistam, por pensamento, ore aos bons Espíritos em favor deles.

Para benefício espiritual de tais Espíritos, dos familiares e principalmente do obsidiado, aconselha-se também, que este faça preferencialmente à noite, ao deitar, uma leitura em voz alta de um trecho d' *O Evangelho Segundo o Espiritismo* e, se puder, algumas questões de *O Livro dos Espíritos*.

É bom ler e meditar. Claro, que os Espíritos estarão presentes, serão esclarecidos e terminarão desistindo, deixando o lar em paz. Somos de opinião que aqueles livros sejam lidos com seqüência, e não abertos e lidos ao acaso.

Como ninguém se atreve a brincar com os obsessores (nem deve), é recomendável que o obsidiado corte toda e qualquer ligação com eles.

Para isso, tem à sua disposição para uso, o poder da vontade.

Esse lembrete nos faz lembrar *O Livro dos Espíritos*, no capítulo que fala da influência dos Espíritos sobre os homens.

A questão é nº 475, em que Kardec pergunta: Pode alguém por si mesmo afastar os maus Espíritos e libertar-se da dominação deles?

Eis a resposta dos Espíritos Reveladores: "Sempre é possível, a quem quer que seja, subtrair-se a um jugo, desde que com vontade firme o queira".

Eis aí, pois, o império da vontade em primeiro lugar.

Com essa força, sempre é possível o obsidiado se libertar das algemas do seu obsessor. Quando não consegue, é porque se compraz nos vícios (bebida alcoólica, drogas etc) que atraem as companhias espirituais, também viciadas, seus obsessores.

Na questão nº 465, da mesma obra, Kardec inquire: Com que fim os Espíritos imperfeitos nos induzem ao mal?

A resposta é sem rodeios: "Para que sofrais

como eles sofrem".

É aquela velha história: quem está no erro, não quer estar sozinho. Quer arrastar os outros para engrossar a fileira. É inveja, é despeito, é ciúme, é maldade, como dissemos em capítulo anterior.

Quando nos sentirmos cercados por Espíritos dessa natureza, precisamos ter muito cuidado. Eles podem nos fazer muito mal. E fazem, ao encontrar abertas as nossas portas espirituais.

O aconselhamento é do Cristo: "Orai e vigiai, para não cairdes em tentação".

CAPÍTULO X

OBSESSÃO SE CURA COM TERAPIA ESPÍRITA

As pessoas obsidiadas, quando em desespero, costumam procurar os terreiros de Umbanda, os Candomblés, as Macumbas e outras práticas semelhantes, na ilusão de obterem a cura por meio de regras mágicas ou rituais.

São religiões de origem africana com mistura de Catolicismo (adoração de imagens), danças ao ritmo de tambores, crendices e superstições diversas.

Aproveitamos o ensejo para esclarecer que o Espiritismo respeita todas as crenças. E, embora reconheça que as religiões acima são espiritualistas, porque crêem na existência do Espírito e na sua sobrevivência depois da morte, bem assim em suas manifestações através dos médiuns, a Doutrina Espírita não tem nenhuma ligação com elas. Não tem nenhum parentesco, nem próximo nem distante.

As religiões acima adotam em suas práticas a idolatria, o culto exterior, os rituais, sacerdócio organizado (os pais de santo), despachos, sacrifício de animais, oferendas etc.

O Espiritismo não adota nada disso. Mas respeita, porque todas as criaturas possuem a liberdade de consciência e de escolher a crença que melhor lhes convém.

Porém, em se tratando de pessoas portadoras de obsessões, é aconselhável que procurem as casas espíritas, onde seus males são tratados pela medicina espiritual do Espiritismo. Terapia que dispensa os chamados despachos, as oferendas, os pactos ou acordos entre os Espíritos inferiores e mães de santos e demais práticas, próprias daquelas práticas africanas.

Os obsidiados, provavelmente acorram àqueles ambientes religiosos, seduzidos pelas promessas de que sua obsessão será curada com regras mágicas, com um abrir e fechar de olhos. Também com a promessa de até mesmo se prenderem os Espíritos obsessores em cadeias especiais, de onde jamais sairão.

Não é nada disso.

Os Espíritos são os homens fora do corpo. Continuam com a sua individualidade no mundo invisível, onde ora habitam. São conscientes e inteligentes. Sabem o que querem e o que fazem. Não são os demônios nem capetas, nem satanases, como ensinam as religiões tradicionais.

Como não são nada disso, eles precisam ser doutrinados, evangelizados, educados, para saírem do estado de perturbação em que se encontram e deixarem de assediar suas vítimas, os obsidiados.

A terapia do Espiritismo é através de passes magnéticos. Pelo passe, o obsidiado recebe uma transfusão de energias vitais e espirituais, no dizer do Espírito Emmanuel, para fortificar-se.

O passe nas casas espíritas não é transmitido com encenações, gestos extravagantes, estalando os dedos e sopros aos ouvidos, nem acompanhado de danças e batuques de bumbos, velas acesas e animais oferecidos em sacrifícios. Nem médiuns passistas com trajes especiais, usando amuletos, patuás e colares milagrosos. Nada disso existe nos centros espíritas.

Fazemos questão de estabelecer as devidas separações, porque as pessoas mal informadas confundem o Espiritismo com aquelas religiões primitivas. Confundem porque, tanto nestas quanto naquele, existem as manifestações dos Espíritos.

Todavia, é bom que se deixe bem claro, a bem da verdade, que as comunicações mediúnicas existem desde as primeiras idades do Planeta Terra, e os Espíritos se manifestam no seio de todas as religiões. Onde há médiuns, há Espíritos que os cercam, desejosos de se comunicar com os homens.

Entretanto, as manifestações dos Espíritos não constituem propriamente o Espiritismo, embora tenha este procedido das comunicações dos Espíritos Superiores, dando-lhe o caráter de a

Terceira Revelação. O que constitui o Espiritismo é a sua doutrina, contida nas obras de Allan Kardec. Doutrina, formada de uma trilogia: Ciência, Filosofia e Religião.

Ciência do Espírito, Filosofia do Espírito e Religião sem dogmas, sem culto exterior, sem hierarquia sacerdotal, sem idolatria e sem nenhuma outra prática que se assemelhe às religiões tradicionais.

Kardec e os Espíritos superiores nos advertem acerca dessas religiões, cercadas de crendices e superstições. Crendices e superstições essas que procedem de primitivas religiões das selvas. No caso, aquelas que já citamos acima.

O aconselhamento é para que os obsidiados não se envolvam em tais práticas, para não agravar o seu quadro obsessivo.

É bom continuar beneficiando-se com a medicina do Espiritismo.

CAPÍTULO XI

O OBSESSOR, QUEM É?

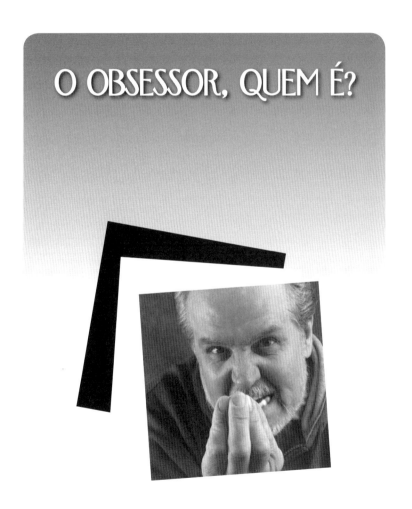

Antes de tudo, devemos saber de onde vem a palavra obsessor. Vem do latim "obsessore", exatamente aquele que importuna; aquele que exerce o seu assédio sobre alguém.

Conforme dissemos no capítulo anterior, o obsessor não é uma figura demoníaca, um capeta, um satanás, posto no Inferno para permanecer eternamente. Também não é um fantasma.

O Espírito obsessor é um indivíduo desencarnado, uma pessoa como nós, mas que habita na dimensão invisível e age ocultamente. É uma criatura que conviveu ou teve, de alguma forma, ligação conosco em existências passadas.

Possivelmente, tivemos com ele laço afetivo. Não nos comportamos bem em relação a ele. Talvez tenhamos traído ou, de alguma maneira, cometido ato de injustiça. Algum mau ato que, para nós, não foi nada, mas para ele, certamente, foi significativo. E o fato é que não nos perdoou. E hoje, acreditando-se credor, faz a cobrança, perturbando-nos o juízo e criando embaraços em nossa vida.

Nesse caso, trata-se de um Espírito vingativo. Tal é esse o retrato falado do obsessor, segundo o conceito espírita.

Ante esse conceito, devemos melhorar a visão a respeito dele. Vê-lo, portanto, com os olhos da caridade cristã. Aqui e agora, no presente da nossa atual existência, para nós, ele não passa de algoz. Só que, no passado, fomos o algoz e ele, a vítima.

O obsessor é a criatura desencarnada, a quem causamos outrora os sofrimentos que o desequilibraram. Queiramos ou não, somos parte no processo. Os efeitos dessa causa do passado chamam-se obsessão.

Quem sabe se, em passado distante, também não fomos obsessores?

O ódio que o Espírito obsessor sente por nós, leva-o à desforra. Ignorando o Evangelho, ele se sente no direito de exigir o pagamento da dívida. Acha tudo isso muito justo, porque foi injustiçado. Como foi prejudicado, vinga-se.

Em seu plano de represália, ele, cego pelo instinto da vingança, esquece que também é réu perante a Justiça Divina. Esquece que o mal que recebeu no passado, da sua vítima de hoje, com certeza o recebeu como resgate do mal que fez a outrem no passado distante.

Esse raciocínio parece até, à primeira vista, um círculo vicioso: fulano fez comigo, porque eu também fiz com sicrano. E assim vai. Contudo, uma vez que ninguém sofre sem merecer, temos de recorrer à lei do Karma: quem semeia vento, colhe tempestade, mais cedo ou mais tarde, e de alguma forma. É a realidade.

Não é tão fácil o obsessor perdoar o obsidiado, nem este perdoar àquele. Mas, é exatamente isso que ambos precisam fazer, para que se tornem criaturas felizes.

Eles precisam compreender que o ódio nada

constrói. Precisam compreender, também, que somente Deus é que faz justiça. De modo que, obsidiados e obsessores, querendo ou não, são irmãos, filhos do mesmo Deus, e aceitando ou não, ambos são réus perante o Tribunal Divino.

Ora, se analisarmos com lógica, o obsessor não é tão mau como imaginamos. É possível que ele próprio seja consciente de que, em última análise, não é perverso. É enfermo da alma, apenas. Tornou-se um desequilibrado pela injustiça que recebeu da atual vítima, seu algoz do passado. Certamente foi bom pai, bom filho, bom irmão, bom amigo e honesto nos negócios.

Esse tipo de obsessão é por vingança. O obsessor exige a prestação de contas da vítima, o obsidiado.

Todavia, nem todo obsessor é vingativo. Existem aqueles que obsidiam por amor, embora não tenham a mínima consciência do mal que fazem, como já dissemos em capítulo anterior.

No estado espiritual em que se encontram, transmitem para a pessoa amada vibrações de tristeza, desânimo, solidão, copiosas lágrimas, sensibilidade à flor da pele e demais coisas, aliás inexplicáveis para o obsidiado. E este, muitas vezes, ignora que, ao seu lado, se acha um Espírito sofredor. A entidade espiritual pode até ser uma pessoa da família.

Com certeza, quando o Espírito sofredor é detectado e recebe doutrinação, passa a ser esclarecido e, então, reconhece o erro inconsciente e se afasta, deixando a vítima em paz.

É interessante assinalar que esse tipo de obsessão é comum e acontece quase sempre entre parentes e amigos desencarnados e encarnados. É assédio pacífico. É importunação pacífica, porque não se trata de vingança. É a obsessão simples.

Isso ocorre, porque as criaturas encarnadas não se preparam para a morte. Como têm uma vida nababesca, luxuosa, desfrutam de tudo que o mundo material lhes oferece.

Esquecem que a qualquer instante podem ser chamadas para o mundo dos Espíritos. E aí...? E aí..., chegam do outro lado perturbadíssimas. E, neste estado lamentável, passam a transmitir suas vibrações doentias para filhos, netos e demais membros da família. É a obsessão pacífica, bem mais acessível à cura.

Mas, quem são os obsessores? São esses, também, dos quais falamos.

CAPÍTULO XII

COMO AGEM OS OBSESSORES? (I)

O espírito obsessor malicioso, que quer uma desforra da sua vítima, age sorrateiro. De forma consciente ou não, ele sempre fareja as imperfeições morais do obsidiado. Algoz e vítima se atraem um para o outro, através de delicados processos vibratórios.

Há casos em que o processo obsessivo se inicia ainda no plano espiritual, quando obsessor e obsidiado se encontram frente a frente. O segundo reencarna e o primeiro prossegue em sua sinistra e perigosa jornada de cobrança do débito, que acha muito justo.

Desse modo, a obsessão pode começar em qualquer fase da vida de uma criatura: no berço, na infância, na adolescência, na idade madura ou até mesmo na velhice. Porque o que o Espírito inferior deseja é se vingar, qualquer que seja a época. Para ele, pouco importa.

De maneira sutil e imperceptível, a maioria das pessoas obsidiadas somente se dá conta do problema, depois de muito tempo. Porque o inimigo invisível tange a vítima para o curral da obsessão, por meio de delicados artifícios hipnóticos, até agarrá-la de uma única investida, exatamente como faz a cascavel ao picar a presa aqui, e abocanhá-la mais à frente.

Essa figura metafórica nos faz lembrar, por oportuno, o que diz o Espírito Manoel Philomeno de Miranda, especialista em obsessão, no Livro *Sementes de Vida Eterna* (por diversos Espíritos), psicografado por Divaldo Franco, cap. 30:

"Sutilmente, a princípio, em delicado processo de hipnose, a idéia obsidente penetra a mente do futuro hóspede que, desguardado das reservas morais necessárias, começa a dar guarida ao pensamento infeliz, incorporando-o às próprias concepções e traumas que vêm do passado, através de cujo comportamento cede lugar à manifestação ingrata e dominadora da alienação obsessiva".

Desprovido de reservas morais para se opor, energicamente, ao inimigo desencarnado, as idéias, os conceitos, as sugestões que o obsidiado antes considerava absurdas, esquisitas, repelentes mesmo, agora passa a aceitá-las tacitamente e sem reservas e/ou restrições, porque o obsessor o induziu a isso, incorporando-as ao acervo de concepções próprias da vítima.

Eles agem dessa forma.

Allan Kardec, o codificador da Doutrina Espírita, sempre tem razão ao dizer, desta feita em *O Evangelho Segundo o Espiritismo*, cap.XXVIII, nº 81, que, a obsessão é sempre o resultado de uma imperfeição moral que dá acesso a um Espírito mau.

Já fizemos essa citação em capítulo anterior, mas vale a pena repetir.

O mestre Kardec acrescenta que: "às causas físicas se opõem forças físicas; a uma causa moral, tem-se de opor uma força moral".

Diz mais que, para preservar o obsidiado das enfermidades, é preciso fortificar-lhe o corpo; mas, para isentá-lo da obsessão, é preciso fortificar-lhe a alma. Para isso, é necessário que ele, o obsidiado, trabalhe pela própria melhoria moral, o que a maioria das vezes basta para "o livrar do obsessor, sem recorrer a terceiros".

Kardec complementa o seu parecer, esclarecendo que só é indispensável o auxílio de terceiros na recuperação do obsidiado, nos casos em que a obsessão se agrava, degenerando em subjugação e em possessão. Porque, nesse caso, segundo o codificador, freqüentemente o assediado perde a vontade e o livre-arbítrio.

Como assevera Kardec sensatamente, nesses gêneros de obsessão, que são gravíssimos, a vítima se acha envolvida e impregnada de uma energia, um fluido maléfico, que "neutraliza a ação dos fluidos salutares e os repele".

A família do obsidiado deve levar o caso a sério e procurar a medicina do Espiritismo, adotada nas sociedades espíritas.

CAPÍTULO XIII

COMO AGEM OS OBSESSORES? (II)

A gravidade da obsessão é proporcional à gravidade do mal, da tragédia que envolveu perseguidor e perseguido em existência passada, criando compromissos entre ambos, que precisam ser ajustados.

A obsessão é um problema muito sério na vida do obsidiado. Aliás, devemos dizer, que o problema envolve o algoz invisível e sua vítima, tornando-os infelizes. Este estado de infelicidade permanecerá até que ambos se perdoem.

Conforme observamos em sessões mediúnicas de desobsessão, comunicam-se Espíritos verdadeiramente alucinados pelo ódio. Chegam sem consciência de tempo nem de espaço, esquecidos até do próprio nome.

Porque, embora a tragédia tenha ocorrido há séculos, para eles, através da fixação da idéia, é como se fosse recente. E movidos exclusivamente pela dor, pela angústia, pelo sofrimento atroz, em estado de profundo desespero, atiram-se sobre o obsidiado na ânsia de esfolá-lo vivo. São os casos de subjugação em forma de crises epilépticas.

Todos os casos graves de obsessão também atingem a família do obsidiado. Porque o Espírito perseguidor, muitas vezes acompanhado de outros seus parceiros, que também têm mágoa do obsidiado, irradiam em todo o ambiente familiar um fluido deletério, causando um clima de poluição psíquica, atingindo todos os membros da família. Os fluidos dos obsessores se alastram como uma espécie de epidemia. Claro, que o pólo de atração é a vítima direta do assédio, a pessoa do obsidiado.

O estudo do Evangelho (Segundo o Espiritismo) no lar, uma vez por semana, com a presença de todos, é o remédio. Sugere-se que o horário do estudo deva ser observado regularmente.

Feita a prece inicial, faz-se a leitura a partir do primeiro capítulo do Evangelho, seguida de breves comentários por parte dos demais membros da família.

Encerra-se com uma prece, que pode ser (apenas sugestão) uma daquelas finais do Evangelho, especialmente em favor dos Espíritos obessores, que sempre se acham presentes e conduzidos ao ambiente familiar pelos Espíritos protetores da família. O estudo, que pode ter a duração de meia hora ou quarenta minutos, deve ser seqüenciado, capítulo a capítulo.

Gostaríamos de aproveitar o ensejo para fazer um lembrete ao leitor. É que, qualquer que seja o caso de obsessão, a simples, a subjugação e a fascinação, não devemos esquecer o aconselhamento de Kardec, em sua obra *A Gênese*, cap. XIV, item 46: "Em todos os casos de obsessão, a prece é o mais poderoso meio de que se dispõe para demover de seus propósitos maléficos o obsessor".

Vejamos como o mestre de Lyon é expressivo

116   Cure-se da obsessão...

nessa frase.

Isso significa dizer que o obsidiado e todos os seus familiares devem se conscientizar do valor da prece em favor do assediado e, notadamente, em favor dos Espíritos obsessores, para que o tratamento tenha bom êxito.

Por falar em fascinação, que segundo Kardec, é o mais perigoso estágio do processo obsessivo, lembramos de um caso que ele próprio conta em sua obra *O Livro dos Médiuns*, capítulo XXIII, pág. 256, 28ª. edição – FEB:

"Conhecemos um homem, que não era jovem, nem belo e que, sob o império de uma obsessão dessa natureza, se via constrangido, por uma força irresistível, a pôr-se de joelhos diante de uma moça a cujo respeito nenhuma pretensão nutria e pedi-la em casamento".

"Outras vezes – prossegue Kardec – sentia nas costas e nos jarretes uma pressão enérgica, que o forçava, não obstante a resistência que lhe opunha, a se ajoelhar e beijar o chão nos lugares públicos e em presença da multidão".

O codificador encerra, dizendo que esse pobre

homem, em meio às pessoas de suas relações, passava por um alucinado, mas não o era, "porquanto tinha consciência plena do ridículo do que fazia contra a sua vontade e com isso sofria horrivelmente".

Quer dizer: no caso vertente, a subjugação era moral e física. Moral, porque o Espírito obsessor fascinava o cidadão a cometer o ato ridículo diante da multidão, por uma ilusão hipnótica, julgando ser sensato. Física, porque o obsessor atuava diretamente sobre os seus órgãos materiais, pressionando-lhe as costas e os jarretes, forçando-o a se ajoelhar e a beijar o chão diante da jovem, em público.

O pobre homem não era louco ou psicopata. Ele era apenas um obsidiado.

Com certeza, o cidadão teria evitado aquela cena ridícula, caso tivesse tido interesse pelo Espiritismo, pois, o tratamento viria pelos meios já indicados em capítulos anteriores. Sua força de vontade, sob o jugo do obsessor, precisava de reforço pela terapia espírita.

CAPÍTULO XIV

ASSÉDIO DURANTE O SONO

Na dimensão da outra vida, ou melhor dizendo, no mundo invisível, os Espíritos não dormem, nem têm idéia de tempo nem de espaço.

Mas gostam muito de se aproveitar dos instantes em que dormimos, a fim de nos perseguirem com mais proveito para eles.

Há três coisas que eles gostam de inserir na mente do obsidiado e alimentar cuidadosamente. São o sentimento de culpa, o remorso e o medo.

Quando não conseguem esse mister durante o dia, porque estamos em vigília, quase sempre conseguem durante o nosso sono.

Quando o obsidiado adormece, os obsessores

se apresentam tais quais eles são. Fazem isto com o objetivo de exercer total domínio sobre a vítima, criando-lhe uma espécie de intenso pavor.

Fazem essa e outras malvadezas com o intuito de assombrar o assediado, de aterrorizá-lo e de causar-lhe graves distúrbios emocionais, deixando gravadas em sua mente, de forma indelével, as imagens e/ou visões das coisas que lhe causam terror.

Quando se trata de subjugação, que consiste em envolvimento completo de fluidos deletérios do obsessor sobre o perseguido, eles podem até fazer complexas intervenções no corpo fluídico do obsidiado, durante o sono.

Nos Bastidores da Obsessão, escrito pelo Espírito Manoel Philomeno de Miranda, pelo lápis mediúnico de Divaldo P. Franco, cap. 8 – processos obsessivos -, 2ª. edição – FEB, o relato é interessante.

O escritor espiritual informa que Espíritos obsessores perversos conseguiram implantar no centro da memória de um obsidiado, minúscula célula "fotoelétrica gravada".

Implantada a célula no perispírito da vítima, com incrível técnica cirúrgica, o objetivo era induzir o obsidiado a ouvir constantemente a voz dos cruéis obsessores, a ordenar-lhe o suicídio. Certamente, a célula registrava esta gravação: Suicida-te! Suicida-te! Suicida-te!...

O obsidiado, que já vem desestruturado pelos algozes através do processo obsessivo, dificilmente resistirá à sugestão ao suicídio.

Não esqueçamos que o implante da célula foi feito quando a vítima dormia, momento em que o Espírito se liberta da matéria e voa pelo Espaço, conduzido pelo corpo fluídico, o perispírito.

Todavia, é interessante lembrar que o obsidiado só foi vítima de tal suplício, porque merecia. Seu Karma era pesado. Provavelmente, aqueles Espíritos cruéis foram suas vítimas em existências anteriores. Porque Deus, Justo e Misericordioso, não permite que os inocentes sejam vítimas de perversidades.

É interessante consignar, também, que as criaturas e as famílias receptivas aos processos obsessivos, podem atrair aos lares as companhias de Espíritos inferiores da pior qualidade.

Essas entidades infelizes, além de contaminar o ambiente familiar e/ou profissional, com fluidos doentios, poluindo toda a atmosfera psíquica do ambiente, podem também provocar brigas, rixas, intrigas, inimizades, separações e tantas outras coisas desagradáveis. Quem não estiver de guarda contra tais investidas, pode facilmente cair nas armadilhas deles.

É justamente isso que eles desejam.

"Orai e vigiai, para não cairdes em tentação", ensinava Jesus, na tentativa de resguardar as criaturas incautas das influências de Espíritos atrasados.

CAPÍTULO XV

A DOUTRINAÇÃO DOS OBSESSORES

Os esclarecimentos evangélico-doutrinários adotados nas sessões do Espiritismo para afastar os Espíritos obsessores, chama-se doutrinação.

Esse método prático foi criado por Allan Kardec e muito usado por ele nas sessões mediúnicas da Sociedade Espírita de Paris, da qual foi fundador e presidente. O método foi criado para substituir uma prática antiga e adotada pelas religiões tradicionais, conhecida por Exorcismo.

Essa prática grotesca, ainda usada nos templos religiosos, tem o objetivo de afastar, através de pancadarias e de rituais próprios, os demônios ou capetas das pessoas portadoras de doenças mentais ou mais precisamente as criaturas chamadas de possessas.

Como sabemos, nos hospitais psiquiátricos, no passado (e ainda hoje), tentava-se a cura dos doentes mentais através de espancamentos e de choques elétricos no cérebro, onde se supunha existir o foco da enfermidade, ou moradia do demônio.

Nos ambientes religiosos, a prática era diferente. As técnicas do exorcismo para expulsar os demônios do corpo do possuído, eram adotadas pelos sacerdotes e pastores com orações, ladainhas, objetos considerados sagrados, como crucifixos, rosários, terços, água benta, leitura da Bíblia em voz alta, ameaças violentas, gritos aos ouvidos do possesso e outros gêneros de torturas que, à primeira vista, parecia que o obsidiado estava numa sessão de suplícios da Gestapo, polícia secreta de Hitler.

Segundo os estudiosos, o exorcismo do

Judaísmo era mais razoável. Os sacerdotes da religião judaica usavam o exorcismo, cercado de suas práticas, mas sempre doutrinando o Espírito obsessor, não como o demônio ou o satanás, como fazem a Igreja Católica e as Igrejas Protestantes, mas sim, como Espíritos das pessoas que morreram e levaram ódio para o outro lado da vida, e do mundo invisível perseguiam aqueles de quem ainda guardavam queixas.

Note-se que esse conceito judaico tem analogia com o Espiritismo, acerca dos Espíritos inferiores e das suas más influências sobre os homens. Ao contrário do Catolicismo e do Protestantismo que, ainda hoje, admitem a idéia de possessão demoníaca.

Kardec, o codificador do Espiritismo, fez mudanças radicais nesse sentido. Exorcismo? Não. Doutrinação? SIM.

Quem estudar o Espiritismo, facilmente compreenderá que a preocupação de Kardec não era apenas em doutrinar o Espírito obsessor, mas também o obsidiado, para que este não continuasse sendo instrumento fácil e dócil do seu algoz oculto.

Seguindo essa escola de orientação kardequiana, os centros espíritas instalam em seus aposentos as salas destinadas às sessões mediúnicas de desobsessão. Recintos onde se reúnem os médiuns, os doutrinadores e os passistas. Onde também se acham presentes os Espíritos obsessores, para serem doutrinados e receberem auxílio mais direto da Espiritualidade superior. As sessões de desobsessão têm sido de grande proveito para as entidades infelizes e suas vítimas. Por meio de esclarecimentos evangélicos e doutrinários, as partes inimigas (obsessor e obsidiado) resolvem seus problemas das existências passadas.

Nas reuniões de desobsessão, os obsessores não são tratados como demônios, mas sim, como irmãos e filhos de Deus. O tratamento a eles é todo com base na lei de amor e de caridade. Jamais são considerados como capetas ou satanases. Porque, na realidade, eles não o são. Eles próprios têm consciência dessa realidade.

Eles são as criaturas humanas desencarnadas, que habitam o mundo invisível. Portanto, ambos: obsessores e obsidiados merecem tratamento cristão.

CAPÍTULO XVI

A OBSESSÃO E AS DOENÇAS PSÍQUICAS

Os espíritos sofredores são os causadores das doenças mentais, as conhecidas doenças psíquicas ou nervosas.

A obsessão também se mascara com os nomes próprios da terminologia psiquiátrica, como por exemplo neurastenia, esquizofrenia, psicopatia maníaco-depressiva, distonia psíquica e tantas outras manias.

Assim, poucas pessoas têm consciência de que, por trás da depressão e da ansiedade, estão os obsessores trabalhando no silêncio. E diga-se de passagem que esses dois males não são de origem física, ou mais propriamente cerebral. Não. Eles são de origem espiritual. A ansiedade patológica, doentia, crônica, gera a depressão. Um dos fatores causadores da depressão é também, entre outros, a frustração. Um desejo, um plano, um sonho, uma realização não concretizados, têm sido as maiores causas da depressão.

Todavia, a ansiedade, as frustrações e a depressão, podem se tornar farta pastagem aos Espíritos desequilibrados. Porque as entidades infelizes se aproveitam das nossas brechas morais. Se a nossa mente está em desequilíbrio, passa a ser uma lixeira, onde os obsessores fazem os seus ninhos.

Nunca é demais refletir sobre essa realidade!

Em princípio, pode-se dizer que não existem as doenças nervosas. Existem, sim, os desequilíbrios emocionais e/ou psíquicos, provocados pelos desacertos da vida que a gente leva, em decorrência da falta de prudência, de previdência, de moderação etc.

Entre as causas dos desequilíbrios, também estão os problemas afetivos, as separações de uma forma geral e, paralelamente a isso tudo, as influências dos maus Espíritos.

Esse é, portanto, o quadro clínico das chamadas doenças nervosas.

É interessante lembrar, também, que os Espíritos obsessores possuem a arte de explorar os desequilíbrios emocionais que já possuímos. Existindo a brecha, eles entram sem a menor cerimônia. Fazem a festa e batem palmas de alegria. Eles são festeiros.

Não devemos esquecer, jamais, que vivemos em meio a uma população invisível, no dizer de Allan Kardec.

Essa população oculta que nos cerca permanentemente, é repleta de Espíritos bons e maus. Espíritos virtuosos, viciados e viciosos.

Dessa forma, como diz Kardec, somos cercados e constantemente inspirados por entidades sadias e doentes, honestos e velhacos, verdadeiros e mentirosos, sérios e galhofeiros, sinceros e hipócritas. Porque eles são exatamente as almas dos homens que viveram aqui na Terra.

Como já dissemos no início deste livro, podemos atrair a companhia de qualquer desses Espíritos, se a eles dermos afinidade, conforme as qualidades do nosso caráter.

É fácil você saber quem são as companhias invisíveis de um indivíduo, pelo que ele pensa, sente e faz.

Conhece-se a qualidade da árvore pelos frutos que ela produz, como bem afirma o Evangelho.

Quando as pessoas atraem Espíritos inferiores é porque já trazem em si, na intimidade da consciência, os condicionamentos para tal obsessão. A mente já possui alguma bactéria moral inferior, que oferece o atrativo ideal ao obsessor.

Se o obsidiado toma logo as devidas providências, buscando o tratamento na casa espírita, para reforçar as forças da alma, a bactéria poderá ser pulverizada.

Mas, se o obsidiado não levar o problema a sério, a bactéria tende a se multiplicar. O problema poderá se agravar, surgindo devagar aquelas chamadas doenças nervosas, que não passam de obsessão.

O obsidiado não deve facilitar.

CAPÍTULO XVII

AINDA O VALOR DA DOUTRINAÇÃO

Como já dissemos em capítulo anterior, a doutrinação é um método criado por Allan Kardec, para substituir a prática grosseira, violenta mesmo, do exorcismo adotado há séculos pelas religiões tradicionais. Prática, aliás, diga-se de passagem, sem nenhuma eficácia. Porque considera os obsessores como demônios, sendo o obsidiado um mero possesso ou possuído pelo satanás.

Esse conceito é o de que o demônio se apossa do corpo do desequilibrado mental, passando a habitar dois espíritos num só corpo: o do doente mental e o do satanás. E este só é expulso por meio de violentas pancadarias, criando um verdadeiro

144 Cure-se da obsessão...

suplício para o obsidiado. Doutrinar os Espíritos significa educá-los pelos conceitos do Evangelho e do Espiritismo. A doutrinação sempre acontece nas sessões mediúnicas de desobsessão.

Entretanto, há uma minoria insignificante de pessoas que acha a doutrinação desnecessária, sob a alegação de que os Espíritos superiores cuidam desse trabalho no plano espiritual.

É verdade que as entidades elevadas fazem a sua parte, mas apenas complementando a doutrinação que se usa nas sessões de mediunidade, as de praxe.

Os próprios Espíritos, especialistas em trabalhos de desobsessão recomendam a doutrinação, alegando que os Espíritos sofredores, que ainda permanecem ligados ao plano material, por laços estreitos, sentem a necessidade do contato mais direto com as criaturas humanas, através dos médiuns.

É nesse contato, que eles se tornam mais sensíveis e mais acessíveis às palavras, aos conselhos, às sugestões sadias dos doutrinadores, que lhes transmitem a educação do Evangelho e do Espiritismo. Educação que os leva a despertar os sentimentos de arrependimento, de perdão e de reconciliação com as suas vítimas, no caso os obsidiados.

Eis aí, pois, a importância da doutrinação.

Os Espíritos benfeitores, por sua vez, se utilizam dos médiuns para se comunicarem e conversarem mais diretamente com os obsessores, que precisam se sentir mais seguros no ambiente e nas suas decisões. São tratados como criaturas, filhos de Deus. E nunca como demônios, como dissemos em capítulo anterior.

Esse contato é proveitoso para todos. Porque, além de os guias espirituais presentes transmitirem as suas lúcidas orientações para todos, o próprio doutrinador, à medida que educa os obsessores, doutrina também a si mesmo, aos médiuns, aos assistentes e aos demais Espíritos desequilibrados, presentes à sessão mediúnica.

Esse é o entendimento de Kardec.

Com esse trabalho, pode-se avaliar a responsabilidade do doutrinador. E que a doutrinação dos Espíritos sofredores, pelos humanos, é de extrema necessidade.

As qualidades essenciais do doutrinador são humildade e paciência. Ser brando e conciliador, para fazer as pazes entre obsessor e vítima. Se, porventura, receber desafios do perseguidor, não se exasperar, consciente de que conversa com uma criatura revoltada, porque foi injustiçada no passado. Manter o sangue frio.

Não ameaçar o obsessor em nenhuma hipótese. Não sustentar atitude de autoridade, de arrogância, de prepotência.

Atitudes dessa natureza desperdiçam o trabalho de doutrinação. A autoridade que os Espíritos inferiores reconhecem, é a moral do doutrinador. E nada mais.

CAPÍTULO XVIII

PREVINA-SE DA OBSESSÃO

É correto o adágio "mais vale prevenir do que remediar". As providências que se tomam para evitar o aparecimento de doenças, os médicos chamam de profilaxia.

As precauções que tomamos para não cairmos em situações difíceis, isto no sentido mais amplo da palavra e em todos os aspectos da vida, chamam-se prudência.

A prudência nasce do instinto natural de preservação da vida e da saúde física e espiritual.

Esse instinto também nos preserva de todos os perigos que possam nos alcançar.

Em casos de obsessão, que é uma doença da

alma e não do corpo, prevenir-se contra ela é o remédio mais indicado.

Isto é o que diz a boa lógica. É o que recomenda a prudência. É o que aconselha o instinto de preservação.

Se alguém se acha debaixo de um telhado que ameaça desabar, ninguém (de bom juízo) vai querer sair depois do desabamento. Seria fechar as portas da casa depois do roubo. As portas devem manter-se fechadas, para que os larápios por elas não penetrem.

Repetimos o dito popular: "Mais vale prevenir do que remediar". Alguém já dizia com muita sabedoria, que prudência e caldo de galinha não fazem mal a ninguém.

É muita verdade numa frase tão curta!...

Através da leitura dos capítulos desta modesta obra, tivemos oportunidade de aprender com Kardec, que só recebemos as influências perniciosas dos Espíritos atrasados, porque somos portadores de imperfeições morais.

A fragilidade do caráter é foco das obsessões.

É bom lembrar que o nosso Planeta, na escala

dos mundos habitados, ainda é mundo de expiações e provas. O aprendizado aqui, queiramos ou não, ainda é através das dores físicas e dos sofrimentos morais. E por quê?

Porque o nosso estágio evolutivo continua precário. O Karma ainda é pesado. As condições morais e espirituais são lastimáveis. Pode-se afirmar que este mundo está pelo avesso.

Vivemos em meio às florestas (metrópoles) de residências belas, edifícios suntuosos, tecnologia avançada em todos os setores da sociedade e tantos outros avanços. Mas tudo isso, diga-se de passagem, não mudou a natureza do homem. O ser humano está intelectualizado, mas não espiritualizado.

O homem está instruído, mas deseducado.

Percebe-se que o homem atual, materialmente falando, tem tudo às mãos pelas facilidades que a própria vida lhe oferta, mas duvidamos de que ele esteja em paz.

A corrida atrás do ouro é intensa e incontrolável; a corrida atrás das posições de relevo na sociedade é muito grande.

Ao mesmo tempo que essas corridas se aceleram, em igual proporção, também se aceleram a ansiedade patológica, a depressão crônica, a angústia, a inquietação, o vazio da alma e demais coisas similares. Daí surgem as perturbações espirituais de todos os gêneros.

Nesse caldeirão de perturbações estão os Espíritos obsessores, sugando as energias vitais das suas vítimas. Sugam, como verdadeiros vampiros.

E por que isso ocorre? Porque somos portadores das mazelas morais que atraem os Espíritos inferiores, os obsessores. Eles nos são afins. As nossas inferioridades morais são as suas pastagens.

Os Espíritos elevados aconselham que a forma melhor de evitarmos a obsessão é a prática do Evangelho. É nos opormos ao mal. É fazermos o bem.

Conta-nos João no cap. 8 e versículos 10 e 11 do seu Evangelho, que Jesus, após libertar a mulher adúltera do assédio dos fariseus, que queriam apedrejá-la em praça pública, perguntou-lhe:

"Mulher, onde estão aqueles teus acusadores? Ninguém te condenou?".

A mulher LHE respondeu: "Ninguém, Senhor. Então lhe disse Jesus: Nem eu tampouco te condeno; vai, e de futuro não peques mais".

Jesus aconselhou-a a evitar o mal e a fazer o bem.

Essa é a profilaxia de toda e qualquer obsessão.

CAPÍTULO XIX

A CURA DA OBSESSÃO

A recuperação da pessoa obsidiada tem íntima relação com o seu desejo sincero de se curar. De se empenhar de boa vontade, com determinação e firmeza ao tratamento espiritual adotado pela medicina espírita.

Deve, antes de tudo, reconhecer-se doente da alma e prometer a si mesmo que obterá o restabelecimento espiritual. Isto é autoconfiança.

Sem essa boa vontade é mais difícil alcançar resultados animadores. Desse modo, ninguém, em boa lógica, ninguém da casa espírita, vai cair na imprudência de garantir à família do obsidiado que este será curado.

Que garantia se pode oferecer, se não se sabe até que ponto a obsessão é fruto de uma vingança, com causas no passado de obsessor e vítima? Se não conhecemos a gravidade do Karma de ambos? Garantir a cura é criar uma ilusão na mente do obsidiado e da família. Essa garantia pode até prejudicar a terapia.

É aconselhável que o doutrinador esclareça ao obsidiado e à família, que o restabelecimento da sua saúde espiritual vai depender do seu interesse, bem assim da ajuda da família e da reforma íntima em que ele se empenhará.

Esse esclarecimento é interessante. É importante, para que os familiares e o próprio obsidiado não se sintam desobrigados de qualquer esforço, demonstrando confiança em poderes milagrosos e fantásticos. Esses supostos poderes não existem no Espiritismo, nem são usados nos tratamentos da obsessão nos Centros Espíritas.

A cura da obsessão também consiste em tirar da cabeça do obsidiado a idéia de que ele é um louco, ou de que o demônio incorporou em seu corpo; também anular a idéia de ter medo dos

Espíritos, de defuntos, de casas mal-assombradas e de coisas semelhantes. O afastamento dessas idéias tende a facilitar o tratamento.

O obsidiado deve freqüentar o Centro Espírita, receber passes, orar pelas entidades sofredoras que o acompanham. Reagir contra todo e qualquer tipo de fobia, de simples medo, de pânico e controlar os impulsos de agressividade.

Essas regras fazem parte do conjunto de conceitos que levam o assediado à transformação íntima.

Não devemos esquecer que o Evangelho é o antídoto contra as obsessões de todos os gêneros, aquelas que já conhecemos: de desencarnados para reencarnados; de desencarnados para desencarnados; de encarnados para encarnados e de reencarnados para desencarnados.

Como já dissemos no primeiro capítulo, Jesus foi, é e continuará sendo o mais competente Médico Psicoterapeuta dos Espíritos enfermos.

Com confiança nesse Médico Maior, bem como em si mesmo, o obsidiado conseguirá se libertar do jugo da obsessão.

E viverá feliz!

FIM

VOCÊ PRECISA CONHECER:

Peça e receba – O Universo conspira a seu favor
José Lázaro Boberg
Autoajuda • 16x22,5 cm • 248pp.

José Lázaro Boberg reflete sobre a força do pensamento, com base nos estudos desenvolvidos pelos físicos quânticos, que trouxeram um volume extraordinário de ensinamentos a respeito da capacidade que cada ser tem de construir sua própria vida, amparando-se nas leis do Universo.

Getúlio Vargas em dois mundos
Wanda A. Canutti • Eça de Queirós (espírito)
Romance mediúnico • 16x22,5 cm • 344pp.

Getúlio Vargas realmente suicidou-se? Como foi sua recepção no mundo espiritual? Qual o conteúdo da nova carta à nação, escrita após sua desencarnação? Saiba as respostas para estas e outras perguntas, agora em uma nova edição, com nova capa, novo formato e novo projeto gráfico.

A vingança do judeu
Vera Kryzhanovskaia • John Wilmot Rochester (espírito)
Romance mediúnico • 16x22,5 cm • 424pp.

O clássico romance de Rochester retrata em cativante história de amor e ódio, os terríveis fatos causados pelos preconceitos de raça, classe social e fortuna e mostra ao leitor a influência benéfica exercida pelo espiritismo sobre a sociedade.

Não encontrando os livros da EME na livraria de sua preferência, solicite o endereço de nosso distribuidor mais próximo de você através de
Fones: (19) 3491-7000 | 3491-5449
(claro) 99317-2800 | (vivo) 99983-2575 ☏
E-mail: vendas@editoraeme.com.br – Site: www.editoraeme.com.br